바다의 테라피스트

시산맥 감성기획시선 061

바다의 테라피스트
시산맥 감성기획시선 061

초판 1쇄 발행 | 2021년 2월 26일

지 은 이 | 문영애
펴 낸 이 | 문정영
펴 낸 곳 | 시산맥사
편집주간 | 김필영
편집위원 | 오현정 강수 정선
등록번호 | 제300-2013-12호
등록일자 | 2009년 4월 15일
주   소 | 03131 서울특별시 종로구 율곡로 6길 36.
           월드오피스텔 1102호
전   화 | 02-764-8722, 010-8894-8722
전자우편 | poemmtss@hanmail.net
시산맥카페 | http://cafe.daum.net/poemmtss

ISBN 979-11-6243-161-0 03810

값 9,000원

* 이 책은 전부 또는 일부 내용을 재사용하려면 반드시 저작권자와 시산맥사의 동의를 받아야 합니다.
* 이 도서의 국립중앙도서관 출판도서목록은 서지정보유통지원시스템 홈페이지(http://seoji.nl.go.kr)와 국가자료종합목록 구축시스템(http://kolis-net.nl.go.kr)에서 이용하실 수 있습니다.
* 이 시집은 교보문고와 연계하여 전자책으로도 발간됩니다.

바다의 테라피스트

문영애 시집

* 본문 페이지에서 한 연이 첫 번째 행에서 시작될 때에는 〈 표기를 합니다.

■ 시인의 말

가슴을 겹꽃잎처럼 여미고

한 잎 한 잎

꽃잎 호흡하려

품었다

햇살

바람

비

2021년 첫 시집 출간의 기쁨으로

문영애

■ 차 례

1부

첫사랑 - 19

도요새 - 20

낭장망 - 22

바다의 테라피스트 - 24

암남동 그 바다 - 26

석모도 - 28

봄동 - 30

함소화 - 32

라일락 글썽이다 - 33

흑산도 홍어 - 34

강화의 눈은 말없음표로 내린다 - 36

잘피밭 - 38

공책은 연필을 기다린다 - 40

2부

박하 내음 — 45

용대리 황태 덕장 — 46

뻘 배 — 48

떨 켜 — 50

살창 — 52

스치는 듯 스미는 듯 — 54

시계꽃 — 56

탱자 — 58

장준감 — 60

오월의 파토스 — 62

고등어 — 64

하늬바람 — 66

십이월 — 68

3부

한숨 꽃 – 73

간이역 – 74

백목련 – 76

안개 – 78

메밀꽃 – 80

평릉 고모 – 82

화왕산 억새 – 84

계절풍 – 86

솔베이지의 노래 – 88

사막의 막달라 마리아 – 90

비어있는 나무 – 92

감청빛 십자가 – 94

불면 – 96

4부

우수 – 101

경칩 – 102

이월 – 104

갈대 – 106

모닥불 – 108

가을램프 – 109

태종대 자갈마당 – 110

따오기 – 112

꽃말 – 114

낯선 사람 – 116

아스팔트 – 118

담쟁이덩굴 – 120

강화 섬 어린왕자 – 122

■ **해설** | 정재훈(문학평론가) – 125

1부

첫사랑

스치듯 잠깐
눈빛 만으로의 만남이

어디선가 오래 기다린 듯했어

예전에 보았던
책 속의 소중한 페이지 같기도 하고

첫눈 올 때의
설렘 같기도 하고

한여름 날 소나기 같기도 하고

왠지 낯설지가 않았어

도요새

가을날 저녁 나지막이 도요새 풀피리소리
바다의 서쪽 기슭 허밍코러스 속삭임

노을 내리면 한 자락씩 붉어지던 자리
일곱 번 빛깔이 달라진다는 칠면초
작지만 질긴 생명 갯벌 나문재
붉디붉은 융단 길 노을빛 감도니
먼 길 돌아온 나그네새 맞이하며 더욱 붉어진다

가을은 산만 붉은 것이 아니다 서쪽바다도 이토록 붉다

돌아왔지만 다시 떠날 채비를 하는 새
잠시 머무른다는

도요새는 그랬다
길 떠나는 여행자
방랑자 새
한곳에 머물지 못하는 보헤미안

〈
그렇게 떠난다는 것을 이제는 알고 있다
떠나는 자 떠나고
남는 자 손 흔들며 그렇게 또 남을 것이다

잠시라지만
그래도 쉬어야지

높이 멀리 날아가기 위한
긴 날개 근력 다지라고
서해 갯벌 쉼터는 어미의 품처럼 넉넉하다

바닷물이 드나드는 모래톱
오르락내리락 파도소리
도 도요 도 도 도요 도
풀피리 도요새 소리
지금 여기
내가 있다는 소리다

낭장망

잡힌 멸치들
작은 눈이 빨갛다

이걸 낭장망이라고 혀
그물 자루가 길고 날개도 양쪽에 달려있지
멸치가 다니는 길목에 설치해 놓는 거여
수심이 얕은 곳이지
여긴 내 자리여
다른 사람들이 그리 탐할 곳이 아니어서 맘이 편해

그물로 가두어 잡아야 멸치들이 스트레스를 덜 받아
잡아서 삶는 데까지 빨리 해야 멸치 모양이 제대로지
나는 조금씩만 잡아 기다리는 우리 마누라 힘 안 들게

이 멸치가 말이여
나한테는 세상에서 제일 고맙기도 하고 애처롭기도 하고
나는 이 작은 놈하고 일생 같이 살아가네
큰 은인이제

이 미물이 말이여

바다가 고요하네
달빛도 정말 좋으네

바다의 테라피스트

몸은 바다에 있어도 영혼은 하늘에 두었다

수평선 한 줄로 두고
하늘과 바다를 아우르며
바다의 테라피스트 나무숲 혹등고래
경쾌한 거품과 하얀 물보라를 일으키며
몸속 층층이 목숨을 저장한다

고래 한 마리는 수천 그루의 나무
모든 걱정근심은 나에게 맡기시오
그리고 마음의 평화!

어미고래가 몸을 세워 새끼에게 젖을 물린다
껴안으며 허밍으로 다독거리며
어미고래 뇌에서 분명 옥시토신이 분비되었을 것이다

어미에게서 젖을 떼고
길고 긴 이산화탄소 저장여행
어미 나무숲과 새끼 숲이 함께 길을 떠난다

바다의 테라피스트 허밍코러스 길노래
바다의 음파와 하모니를 이룬다

암남동 그 바다

멀리 바다가 바라보이던 나의 창가 병실
내 유년의 침대는 바다로 향해있었고
지금의 의자들도 모두 창을 바라보고 있다

아픔의 큰 터널을 지나온 딸꾹질 같은 그 울먹임
바다를 향한 창들로 눈이 부셨던
부산 암남동 그 언덕의 회복원

책 한 줄 읽고 바다 한번 바라보고
글 한 줄 쓰고 바다 한번 바라보면
크레센도와 데크레센도의
귀를 열리게 해준 파도 소리

파도의 토닥거림으로 아이들은 물보라처럼 웃으며
그대로의 바다를 바라볼 수 있도록 창은 늘 맑았으니
가슴에 옮겨진 그 바다로 세상을 살아가며
귀한 긍정의 고개를 끄덕였을 것이다

나는 그때 알았다

존재만으로도 위로가 된다는 것을

창가까지 달려와 곁에 있어주었던
내 생애 첫 바다
암남동 그 바다!

석모도

그 섬에서는
어느 길이든
바다로 향하고 있었다

노을 내릴 무렵
보문사 범종여운
은은히 스며들고

이어지는 북소리
섬 둘레 번지는 붉은 노을
섬은 타오르며
바다 위에 불 켜진 등처럼 떠 있었다

목어소리 운판 구름소리
노을 바라보다 가슴 붉어진 우리는
각자 또 하나의 붉은 섬으로 막배에서 내렸다

강화섬 안에 있는 또 하나의 작은
돌 모퉁이 섬 석모도의 바다는

〈
노을과 단풍이 함께 어우러져
가끔 그렇게 신음할 때가 있다

해 지는 모습을 보기 위해
생택쥐페리의 어린왕자는
의자를 몇 십 번이나 돌려 앉았다지

아마 시월의 끄트머리가 아니었을까

섬 안의 길
석모도의 길들은
바다노을이 켜켜이 배어들어
길이 노을색이다

봄동

겨울이 봄을 품었다

가장 단순해져야
눈에 보이는 봄동

오므리지 않고
움츠리지 않고

속 빈 배추
속없는 배추

감출 것도 없고
따로 보여줄 것도 없다

비어있어 속병도 없다

한 잎 한 잎 모두 편안해 보이는 건
그렇게 자라왔다는 거다

〈
한겨울에도 얼지 않는 바다에 기대어
파도소리 들으며

소리까지 맛있다는 건
또 그렇게 지내왔다는 거다

겨울에 봄을 먹는다

맛으로도 먹고
소리로도 먹는다

봄이 누는 똥
봄똥이다
속이 노오란 애기똥

아이들이 입모양 동그랗게
봄또옹~
봄이 똥을 많이 누면 좋겠어여~~

함소화

미소를 머금게 하는 꽃

이파리 사이
보일 듯 말 듯
꽃봉오리 도톰하다

큰 숨 쉬면 달아날까
작은 백자에 담긴 향

보듬고 또 보듬으면

겨우내 서성이며 머물던
바람 품은 햇발
순간이 영겁처럼
멈추었다

살아있음이
달큼하니 고맙구나!

라일락 글썽이다

글썽이는 눈물처럼
잔잔한 슬픔의 꽃 라일락

맺혀있는 눈물송이

뭉게뭉게
파스텔로 번지는
라일락 향기

글썽이는 눈물 꽃송이

라일락꽃이
가슴앓이 치료약재라는데

눈물이 약이라는 걸
라일락 꽃 눈물 꽃

흑산도 홍어

홍어는 따로 미끼가 없소
공갈낚시 덫으로
늘 다니는 길목을 덮치는 거지

먹이 하나 안 주면서도
몇 마리밖에 안된다고 툴툴대지만

잡히는 길인 줄 모르고
제 길이다 하고 다니는 게
홍어나 사람이나
되풀이 역사는 똑 같은 것이여

그렇게도 거짓부렁 잡아 쌌는데
홍어는 시방도 우릴 먹여 살리니

망토날개 펄럭거리며
바다를 날아다니는 거 봤는가
꿈에도 어째 홍어만 보이는 건지
날 만나 몸부림치다 내장이 다 빠져버리는 꿈을 꾸었네

끔찍한 연분이제

나 또한 홍어 되었소
홍어 찾으러 다들 나한테 오는구먼

동지와 입춘 사이
줄낚시 손질하시던
추운 손
아버지 생각

강화의 눈은 말없음표로 내린다

수면제 알약처럼
멀리서 흔들리며
눈발이 흩날린다

마취 전의 길목처럼
아른거리는 근시안

망각의 늪
하얗게 잊어버리자
미래를 생각하는 것도 꿈이지만
지난 일도 모두 꿈이었던 것을

무수히 이어지는
흰 점 말없음표
할 말은 무엇이었던가
펼쳐진 백지 위에
다만 침묵할 뿐

먼 곳에서

이제는 가까이서

하얀 미사포 아래로
한 방울 따스한
눈물
눈
물

잘피밭

남해안 바래길
보이다가 안 보이는 바다 숲

밀물 때 잠겨서 바다 되고
썰물 때 노을 함께 잘피밭이 된다

개펄에 뿌리 내려 햇빛 바라기 광합성
물방울 꽃 피게 하고 씨앗 맺음은
세상 돌봄을 하기 위한
바지런한 사랑 어머니의 젖가슴

생명밭의 자궁
바다생명의 서식처

바다 속 풀밭
플랑크톤 숨바꼭질 놀이터
방랑자 떠살이도
나그네 철새들도 머물다 가는
바다 숲 쉼터

〈

남해 어르신 그 옛날에는
보리밥 지을 때 촘촘히 썰어 쪄 먹기도 하고
뿌리째 끓어 씹어 먹으면 달달한 맛이 난다고

자연발효 퇴비에다
잘피 찌끼들은 참 든든한 거름이 된다네
살아서도 죽어서도 지구를 돌보는 거지

바다개펄에 산소나무 잘피 심는다
잘 피어라 잘피!

공책은 연필을 기다린다

쓰다보면
어느덧
한 권의 책이 되는
비어있는 공책

처음 만났던 기억은
칸칸이 네모 방
못자리 공책이었지

연필에 힘을 실어
글씨를 다져나가면

침 묻은 연필심에
씨앗이 움터
나의 시는
그렇게 파종이 되었다

안으로 새카맣게 타들어간
속심지 몽당연필

퀭하게 닳도록
몽그라져 할근거려도

햇발에 잘 표백된 칼칼함으로
언제든 등을 내어주고
업어주던 공책

페이지를 넘기면
언제든
다시 시작할 수 있어

시를 쓰고 싶은 날
파피루스 풀내음 진한
나일 강변으로 떠나볼까

공책을 펼치면
연필은 여전히 가슴 설레인다

2부

박하 내음

떨리는 고모 손
아버지의 검은 입술 위에 얹어주시던
희게 빛나던 박하사탕

오늘 들길에서
아버지처럼
쏴하니 다가오는 박하 내음

향기에서 당신을 느끼며
뉘엿거리는 노을에
붉은 울음 묻어 보냅니다

그리움이 주름 잡힌 커튼을 젖히면
달빛 은은히 눈을 뜨고
감기 기운처럼 스며드는
박하 내음
미운 아버지 내음

용대리 황태덕장

얼어서 천년
말라서도 천년

몸 보시를 그렇게 독하게 하더냐

내장 다 꺼냈으니 망정이지 어떻게 견디겠나 저 눈발을

해발 천 미터 준봉이 에워싼 용대리
내설악 계곡을 지나,
매바위와 용바위 협곡까지 제대로 날이 선 칼바람
그 바람들이 만나는 곳
용대리를 풍대리라 불렀다

60년 내공의
한기로 익혀지는
황태 근육 탄력
노모의 바람태 허리
깡태 무릎

〈
죽은 명태가 산 사람 잡는다지만

하늘과 동업한다는 속없는 황태가
세상 쓰린 속 다 풀어내고 있다

뻘 배

장도 섬 어매들은
하루 두 번 물때 기다려
겨울바다의 갯벌에 엎디어 입맞춤한다

똬리에 꿇어 올린 기도하는 한쪽 무릎
또 한쪽다리는 돌격하는 장수처럼

이것이 갯벌을 달리는 말이여
멀리도 잘 갈 수 있제
내 맘대로 천 리고 만 리고 다녀
찰지게 자유로운 거

내 짝이고
살림밑천이고
내 자가용이여

쇠붙이는 안 갖고 다니제
내 손으로 움켜 만나는 것이여
열 손가락 쫙 펴서 긁어줘야 혀

같이 늙어가는디 내 알지

이래봬도 큰 그릇이여
꼬막도 담고 굴도 낙지도 다 담아 오제

새참 먹을 때는 밥상도 됐다가
숨 돌릴 때는 노을 데불고 날아오는 고니들 쉼터도 되제

자식들이 몸 성치 않다 못하게 해도
지들 먹여 살린 젖줄인디

내 안 나가면 배가 울어쌓겠지

끙끙 앓으며 누웠다가도
이놈만 타면 막 날아 다니제

난 그때 알았구먼
사랑타령이 아주 징하다는 걸 말이여!

떨 켜

손 흔들며
헤어지는 그 순간
정말이지
딱 한번만 더 보고 싶어
진짜 보고 싶지

한 방울 눈물
탈리층의 물기가 마르기 전
잎자루에 칸막이를 해야 돼

그래
바람
니가 고맙구나!

안고 떠나라

뱅그르르
춤추며
어디로든!

〈
'바람에 천 번 흔들리면
꿈이 이루어진다'는 몽골속담

잎 다 떨군
나뭇가지에서
다시 듣는다

살창

바람도 햇볕도
분명 집이 있는 듯했다

익힘의 나머지는 모두
부뚜막 위 살창으로 빠져나갔고

정처 없는 바람도
몸 덥히러 들어오고

햇볕도 가만히
따사롭게 머무르니

살창으로의 바람은
살창으로의 햇볕은

솔가지에서 쉬다 온
꽃들의 창을 열어주던

그때의 바람이었다

그때의 햇볕이었다

그때처럼 여전히
열린 듯 닫힌 듯
살창은 거기에 있었다

스치는 듯, 스미는 듯

눈물도 향기로 흘리고
울어도 향으로 우는

가지 사이 산수유
망울 맺혀 벙글었다

지난 날
붉은 열매 다 나누고
데생처럼 묵상에 잠기더니
안으로 노란 심지 키워 왔구나

글썽이는 고마움으로

햇살에
바람에
몸을 맡긴다

스치는 듯
스미는 듯

〈
기대어
날숨을 걸치면

수유 꽃 내음새
들숨에 감겨온다

아득하여
스치는 듯
나를 돌아보면

산 귀퉁이 걸터앉은
또 하나의 내가
고른 숨을 쉬고 있었다

시계꽃 passion flower

한 자루 세필로
단 하루 한 송이의 꽃이 되고자
덩굴손 묵연히 움으로 돌았다

오늘 하루
한 송이의 꽃이 되기 위해
한 송이로 피어오르기 위해

다가와 토닥이는 빗소리에
움은 스스로 몸을 튼다

바람의 숨결이
잦아들고 있다

단 한 자루의 세필
우주의 기운은
그 한 끝에 몰입하며 숨죽인다

산사의 풍경소리
바람의 숨결은 어느덧 봉오리 곁에 멈추고

〈
고요한 떨림으로
한 잎
또 한 잎
세필은 섬세하게 완성시켰다

나를 만나러 이 세상에 왔다더니
겨를이 왜 하루이더냐

오늘 하루의 만남
오늘 하루는 온통 우리에게 있고
모두 당신에게 바칠 수 있음을!

빛이 한숨
꽃잎 눈 맞춤하니

꽃 향 어스름 여운
심장에 흩어졌다

탱자

가시 틈 사이에서
태양을 꿈꾸었다

겨드랑이가 간지러워

싸락눈처럼
마디마디 쌀알 꽃망울

가시에도 찔리지 않는
금줄 햇살 당겨

해님 씨앗 품었다

찔리지 않을 딱 그만큼의 크기로
조심스레 향 키우는
해의 비밀스런 분신

사물놀이 쇠잽이들은
꽹과리채 천둥소리 내고 싶어

실하다는 탱자나무 기웃거리고
북 치는 고수들도
탱자나무 북채면
어지간한 사람들 심장 두드려 열리게 한다지만

탱자에 대한 나의 기억은

언제까지나 지켜줄 것 같지만
곁을 떠나는 건 허락하지 않아

한 번의 움직임도 상처가 되는
자신의 눈물을 가시로만 표현하는

몸부림치면 칠수록
여기 저기 상처로 쓰라릴수록

오로지 향으로만 저항하던
진물 흐르던 그 내음새만 아찔할 뿐이었다

장준감

강화도령의 팽이 감

하늘 배경으로
땅을 향해 갸름해졌다

뿌리의 땅기운으로
가까이 짙어지는 감빛

크지도 작지도 않은
적당히 준수하게

꼭지의 도드라진 무늬받침은
장준감의 정성이지

마무리된 작품마다
끝매듭 까만 점 도돌 솟았다

숨결 같은 습자지 막
은근히 걷어내면

아직 숨소리 들리는 속살

저토록 여린 껍질로도
지켜주고 지탱하고 버티어 왔구나!

가끔 생각이 나던
기다려왔던
저릿한 맛

살아있다는 건
맛을 느낄 수 있음이지

팽이를 닮은 장준감은
강화섬을 선회하고 있었다

오월의 파토스

오월은 초록빛 파토스다
우주는 빛의 소리로 가득하다

새들은 각기 자기들의 이름으로
소리하고

바람소리

시냇물 흐르는 소리

녹색 빛 중음
뻐꾸기 소리

저녁 으스름부터 새벽까지
오보에 목청
개구리 소리

백색소음
비 오는 소리

〈
소리에 취하는가!

인생은
파토스

소리 듣는
귀 열리는
오월의 파토스

고등어

모양이 칼과 같다 하여 고도어^{古刀魚}
등이 둥글게 올라 있는데서 붙여진 이름이라고 했다

고등어에게 불빛은 희망이었다
서로 같이 모여 둥글게 뭉치며 힘을 모으고
언제나 모가 나지 않은
등으로 다녔다

망망대해 공중 등불 눈부신 보물섬이다

하늘 높이 치솟아 오른 그물고등어들
 그 바닷비 맞으며 엎치락뒤치락 목숨을 당기고 또 당긴다

그물 아랫부분을 서서히 조인다

뒷깔망들이 밤을 새우며 선별작업을 하는데
고등어 아가미가 꽃무릇처럼 붉다

〈
오로지 불빛 찾아 몰려다니는 고등어나
잡으려고 내내 바다축제 등불 올리는 사람이나

대대손손 똑 같이 되풀이하고
대를 이어 답습을 하니

무심한 듯 파도는 꼴랑꼴랑하다

하늬바람

서쪽바람
맑은 바람
상쾌한 바람

갈바람
가수알바람

여름 따라 오는 바람
곡식이 여무는 바람
어루만지는 바람

보이지도 않는 공기인데
이러 저러 이름이 많다

느껴진다는 것

우리 곁에 왔다는 것

햇살 사이로도

거미줄 사이로도

하늬바람
함초롬히

날씨 경락 좋은 바람

십이월의 선물

시리고 시린
적혈구 부족 체질
두껍게 더 겹겹이 몸을 감싼다

두텁다는 핑계로
그 속에 나도 숨었다

배회의 언저리를 돌아
막 다른 계절

나를 찾아야 한다
너도 아닌 나 자신인데

열두 달
열두 대문을 다 열어봐도
어디 숨었는지
알 수가 없다

눈이 내려

빈 뜨락이 소담하고

십이월의 피
붉게 달음박질 문을 두드려도

진실은
속심지 나를 찾고 싶지 않음이다

두툼한 외투로 나를 감싸며
포장이 더 화려해진
십이월의 선물

3부

한숨 꽃

오월의 한숨이
산을 덮었다

구름도
산길 걸음도
타박거리며 흐르고

마른 눈물
하얗게 찔레꽃으로 피어올랐다

찔레꽃 한숨이
산을 덮었다

떠난 자리
하얗게 한숨으로 피었다

간이역

마중 나온 앳된 볼
복사꽃잎 분분히
흩어지게 하더니만

그냥 외면했다
빠른 기차는

오래
오롯이
머무르려면

숨 고르며
천천히 와야
닿을 수 있지

기다림이
켜켜이 눈을 감고 있고

마디마디

배어있는
바람 내음새

쓸쓸한 듯
편안하다

대장장이 망치질처럼
철길 햇살 부서지고

기다리던 사람
행여 발 디디면

한 줌 손길에도
잔털을 세우며 아프게 피어오를

깨꽃
붉은 사루비아!

백목련

소리 없이
하늘 빗장이 열리고

희붐하게 걷혀지는
가슴앓이의 커튼

밤새 시달렸던 기침을
애써 다져 넣는다

흰 꽃봉오리 촛불들
여명의 하늘을 사르며
나의 기도를 보듬는데

새벽빛으로
보이지 않게 열리는
신비로운 숨결

그리움을
미어지도록 펼치면

〈
꿈인 듯
하얀 목련 나무 아래
엄마
엄마 ~ !

안개

산자락을 흐르는
짙은 침묵
새벽의 빗장을 열지 말았어야 했다

보이지 않는다며
알 수 없다면서
왜 길을 나서는지

그 어디에도 없는
자신을 찾아 나서는지

눈에 보이지 않는다고
없는 것은 아니다

모든 것은 그대로야
다만 안개일 뿐이라고

간혹 보이지 않음도
말이 없음도

〈
사랑에 대하여는
안개만이 정답이다

메밀꽃

여유로운 잠자리들
투명한 날개 사이로
반가움처럼 비치는 하늘

햇빛 한 소절
9월을 닦으며
가을을 맑히는데

하고 싶은 이야기
이야기들이

오솔길 따라
들녘으로
밭두렁으로
숨결처럼 흐르더니

이랑이랑
메밀밭에 깃들었다

〈
달빛도 오래 머무르는
이야기꽃 메밀꽃

평릉 고모

이랑이랑
배추밭에 물을 뿌리면
물기 머금어 소곤거리는 푸른 이파리들

창백한 나에게도 물을 뿌리고 싶다며
질긴 배추뿌리처럼 웃으셨지요

당신의 웃음은
나의 해쓱한 입술에 생기를 주는
천연 립스틱

당신처럼 힘줄 솟구친 발 디딤으로
삶을 확인하고 싶습니다

두껍게 깎여져 나가던
당신의 손톱만큼이라도
단단하고 탄탄하게 살고 싶음과

손금 선명한 거친 손에 와락 잡히며

그렇고 그렇지 않은 걸
분명하게 배워야 한다고 생각했습니다

푸름이 왜 희망인지
왜 안으로 다져 넣어야 하는지를
알 것 같았습니다

'물을 빨아 댕기지 못하면 떠난 거여'

'뿌리를 제대로 뻗지 못하면
서성대다 그냥 가 버리제'

뿌리 물을 빨아올릴 줄 아는
물 먹보 배추이파리들이
방울방울 빛을 머금었습니다

화왕산 억새

심호흡 펌프질로
고른 숨 내쉴 때
전신을 휘감는
은백색 회오리물결

기다림은
위안이며 축복이다

떠났다가도 다시 돌아오면
언제든지 맞이해주는
그런 사랑이 있는가!
밑뿌리 튼실한 억새는 묻는다

바람으로 흔들리지만
바람을 따라 나서지는 않는다
바람에게 씨앗을 묻어 보내지만
뿌리는 결코 내놓지 않는다

억새풀들의 허밍코러스

노을이 내리며 스미어 든다

오로지 하나의 색으로
오로지 하나의 몸짓으로

우주의 한 언저리

흔들리는 빛으로
억새는 그 자리에 있었다

계절풍

방향이 바뀌어도 같은 바람이다
바다에서 불어오는 여름 계절풍
바다로 가는 겨울 계절풍

모퉁이를 돌아서 가는 바람

계절풍처럼 자유로울 수 있다면
세상 살아도 될 것 같다

자연은 직선이 없어
다 곡선이지
바람도 마찬가지야

계곡을 흐르는 작은 물줄기도
물결을 이루며 굽어 흐르고

맑은 계곡 물 소리 파장도
떨리며 흔들리며 들려온다

〈
계절풍 방향의 자유로움이
내 움츠림의 곡선이

회복기 환자처럼 눈물겨웁다

솔베이지의 노래

무얼 그리
손사래 치며 잊으려 했을까

아무도 몰라본다 하지만
나를 보면 번쩍 기억의 주름이 펴지지 않을까

떠났던 사람 돌아와
먼발치에서 서성거리고

사랑한다는 사람이
왜 모르는 척
애써 모르는 척
눈 길 먼 곳에 두는 것인가

무엇이 그토록 힘들게
다 잊어버리고 싶었을까

아직 시간이 괜찮은 줄 알았다

나만 기다리고 있었다는데
끝까지 기다릴 줄 알아야지

〈
마음만 먹으면 언제든지
우리의 거리는 곁일 것 같았는데

이렇게 바로 눈앞에 와 있는데도 알아보지 못하니

나를 몰라보다니
아니다 이건 아니다

도대체 그녀는 어디로 떠난 것인가

오래 기다렸다고
평생 기다려왔다고
투정도 부려야지

노인은
그녀 앞에서
그녀를 찾고 있었다

사막의 막달라 마리아

봄이 되면
막달라 마을의 낮은 언덕에는
청록빛을 띠는 올리브숲과 더불어
편도나무 꽃들이 희게 피었고

바람이 불 때마다
갈릴리 바닷가의 반짝이는 수면
잔잔한 물바람이 부드럽게 불어 올 때면
순백의 꽃잎들이 더욱 물기를 머금을 때도
아련한 꽃그늘에 앉아 가슴이 아렸습니다

먼발치서
떨리는 가슴으로 당신을 뵈었습니다
슬픔이 많은 사람은 단번에 알 수 있습니다
눈물로 당신의 발을 적시었을 때
당신은 저의 슬픔을 아셨습니다

사랑 때문에 죄가 많은 것도 다 아셨습니다

〈
알 수 없는 깊은 신비로움의 고독
당신의 그림자를 따라다니며
그 고독을 조금은 덜어 드리고 싶었습니다

손톱을 깨물며 피가 맺힌 지도 모른 채
골고타, 그 암흑의 골짜기에서
십자가의 모습을 지켜보았습니다

당신의 십자가는
가장 빛나는 기쁨이면서 끝내 또한 슬픔인 것을

목이 마릅니다 당신을 뵙고 싶습니다
신이시면서 먼 당신보다는

가까이
인간으로 더 가까이 당신을 만나고 싶습니다

비어있는 나무

잎 다 떨군 비어있는 나무
그때는 눈길이 가지 않았다

빈손의 겨울나무는 두 손을 모으고 있다

고요하다

가끔 새들의 날개로 하늘먼지 털어내고

소리로 듣던 새들의 노래
빈 가지 사이 스타카토 몸짓으로 듣는다

겨울새들이
기웃기웃 둥지 틀며 날개 깃 드는 것은

투정부리듯 부리로 쪼아대며
온기를 부비는 것은

보이지는 않지만

나무의 깊은 품을 알고 있기 때문이다

천지간이 얼마나 멀고 수고로운 길인가!

머리를 하늘에 맡기고 한결 언제나 그 자리
묵상의 자세로 우주를 지키는 나무

잎 다 떨군 나무를 바라보는 사람들은
가만히 고개를 끄덕이게 된다

감청 빛 십자가

어둠 속에서도
빛으로 다가오는
성모마리아

작은 별들이
조심스레 다가와
당신 머리 위에
관을 씌우는데

오래 서성이다
종탑 위의 십자가는
다시금 십자가 두 획을 긋고

에움길로 돌아와
끝내 가슴을 열게 하는
감청 빛 십자가

어둠을 뒤로 하고
첫 미명으로 다가온

〈
새벽빛을 모은
감청 빛 십자가

불면

한참 울다가
지친 듯 쉬다
다시금 울고

누구도 의식 않은 채
마음대로 울다가 그치고
또 다시 울고 하는데

나는 왜 잠들지 못하고
울음소리 듣고 있는 것인가

엎디어 나는
가슴이 충혈 되도록
울음을 참고 있는데

왜 나는 울지 못하고
너의 울음소리만
듣고 있는 것인가

〈
나도 목 놓아 울고 싶다
잠들고 싶다

4부

우수 雨水

비의 노크소리

조율호르몬 세로토닌
우수의 비가 내리고

땅속의 미생물들이 깨어나
뜸씨를 배출하기 시작했는지
!!!들이 눈 비비며 속살거린다

구겨져있던 온몸의 핏줄이
제 자리를 찾으며
신음하듯 기지개를 켜고

빗방울과
느낌표는 하나가 되어

우리는 비로소
소통되고 있었다

경칩驚蟄

이따금 내리는 비에
흙바람은 잦아들고
마른기침도 조용해졌다

띄엄 흔들려 오는
설익은 봄꽃 내음

다가왔다고 느낄 때는
이미 지나가고 있었다

기다리기만 하고
왜 나서지는 못하는지

벌써 저만치
손 흔드는 모습

오랜 기다림일수록
다가오면
뒤로 한 걸음

물러나야 할 것을

어름넝쿨 고로쇠나무
수액 찾아 마시고

경칩 날 흙일을 하면 탈이 없다고
첫 번째 천둥 치면
놀란 벌레들 땅에서 꿈틀대며
앓다가 일어나게 되는
계절의 길목

나도 겹이불 밖으로
몸을 일으킨다

이월

계절성 우울증에는
빛 치료가 효과적이지요

생체리듬을 조절하는
뇌 호르몬 멜라토닌 분비에도
햇빛비타민이 절실하다고

배어있는 겨울내음이
아직은 두껍지만

얼음 아래 흐르는
작은 물소리

사랑의 행위는
땅기운의 조절을 돕는 것
흙에 골고루 균형 감각을 일깨움이다

이월은 이별의 달
이제 헤어지는 달

〈
그날 밤
어떤 기운인가
객토의 울림소리가 들렸다

갈대

함성처럼 전신을 줄 지어 달리는
터치 강한 붓놀림

서로 부비고 기대며
더불어 있음이
찬란한 갈대

바람결에 흔들리며
슬픔을 함께해 온
서러운 우리 가락이
굽이굽이 흐르고 있다

당신의 뿌리는 내려졌는가?

어디에고 뿌리를 내리지 못한
떠도는 혼에게

어디나 머무름뿐인
나그네 방랑자에게

〈
이젠 누군가의 **뼈** 속 깊이 닿아
흙 뿌리를 내리라 한다

뿌리내린 갈대처럼
바람결 따라 흔들리지만
뽑혀지지 않는 갈대처럼

그렇게 바람 마중하며
흔들리며 살아가라 한다

모닥불

추운 마음들이 모여
가까이 하나가 되고 있을 때
작은 불씨들이
터뜨리듯 하늘로 흩어지며 별이 되고

우리네 사연들이
기름방울 되어
타오르는 불꽃이 되나니

너와 나의 손길이 어우르는 곳에
가슴은 뜨거워지고
다져지는 정으로

지구 처음의 발 디딤으로
다시 걸어오고 싶다

안데르센의 성냥팔이 소녀가
우리를 부끄럽게 했으므로

가을램프

떠나는 것에
연연해하며
보이지 않을 때까지
따라 나서는데

어떤 그리움을
물리치기라도 하는 듯
환한 불빛 차 한 대
쾌속으로 질주한다

어디 즈음 왔나
먼지 덮인 발등이 애잔스러워
잠시 발걸음 멈추어 선다

지나온 가을나이테도 옹골찬데
아직도 먹먹해질 자리 남았는가

타오르는 속심지
가을 불꽃
가을 램프

태종대 자갈마당

갯내음은 쿵쿵거리며
감기를 뚫고도 배어들고
서로 바라보기만 할 뿐
끝내 맞닿지 못하는
하늘과 바다
그 사이를 오르내리며
갈매기들이 침묵을 쫀다

병풍처럼 둘러 서 있는
바위들을 지나면
창백한 이마의 등대
안개는
깊게 잠겨있는
산의 허릿매를 에워싸며 두런거리고
서로 스미며
경계를 지운다

여기 진통을 겪는 바다
흰 포말을 토할 때

자갈마당의 자갈들은
함께 어우러지며
정련된 하모니로 함께 구른다
빛나는 소리로 흐르는 소리
차르르르르 차르르르르
자갈마당 편안한
울림의 여운

수평선의 젖은 눈시울

자갈마당은 몇 번이고
다시 젖으며 구르고 있었다

따오기

따오기는 나의 어린 시절
웅크리고 있는 슬픔이었다

눈물샘 기슭에 자리한 따오기는
다만 슬픈 새였다

행복을 나누는 새라는 걸
나중에 알게 되었다
서로 애틋하다는 사랑새
순하고 착한 새

그동안 흐느낌으로 저장되어 있었다

기억도 정리하자
기억의 한 편을 정리한다

슬픈 새가 아닌 사랑스러운 새
따오기 노래가 구슬픈 것이지
따오기가 슬픈 새는 아니었다는 걸 정리한다

〈
내 어린 날의 슬픔도
한 움큼 덜어낸다

따오기는 슬픈 새가 아니었다

꽃말

꽃이 하는 말
한 마디

꼭 한 마디
꽃말

그리고는
말이 없다

딱 한 마디
꽃말

꽃을 바라보고 있으면
꽃도 색 짙어지며 나를 바라보고

꽃을 보며 추억에 잠길 때
꽃도 어느새 추억으로 가 있다

그대에게 꽃을 보낸다

말없이

말하지 않아도

말하지 않아도

낯선 사람

내게 당신은
낯선 사람이었습니다

오래 만나지 못한 지금
당신을 만난다면

언제 만나든
낯선 사람은 아닙니다

끝까지 다 읽으면 끝나 버릴까봐
차마 아직 다 읽지 못하고
아끼듯 책꽂이에 꽂아둔 책처럼

다 읽지 않은 책처럼
그렇게 꽂혀있을 뿐
낯선 사람은 아닙니다

이제는 마저 읽고 싶습니다

〈
살아계셔 따뜻한
숨 쉬는 페이지를 넘기고 싶습니다

아스팔트

형벌이다

짓이기는 무게와
소음을 견뎌야 할 뿐이다

아스팔트 굳힌 후 첫 비는
빗방울을 금방 증발시킨다고 하지만
아직은 뜨거운 가슴이라
맞이하는 빗방울과의 마지막 포옹

받아들이고 품어주는 것이다

열이 식는다는 것은
단단해진다는 것

찢겨진 가슴이며
거친 눈물일랑
안으로 다져지고

〈
갇힌 채
이젠 어디에도 무감동한 채
탄탄하고 튼실하게
세상 한가운데 자리 굳혔다

독하게 무장하지 않으면
살아 갈 수가 없지

탄탄함의 힘만이
어떤 무게의 힘도
견딜 수가 있는 것이지

강한 것은 아름다운 것이여

다만 부서져야만
끈적거리며 흘리게 될
저 검은 점성의 눈물

담쟁이덩굴

담을 기어오르고
벽돌에 기대어
푸른 손 악수 청하더니

황록색 담쟁이 꽃
이파리 겨드랑이에
꽃인 듯 아닌 듯 숨어 피었다

여름에는
새들을 위하여
검푸른 빛 작은 포도 알 열매 준비로 바쁘고
가을에는 온통 주홍색 단풍 준비로 여념이 없다

하늘 아래 수고롭지 않은 시간이 없나니

살려고 살아가려고 애쓰는 담쟁이 빨판
새로 돋아난 흡착력 분홍색 포도알 빨판
뻗는 힘은 빨판의 힘이다

〈
각기 자기대로의 살아가는 방식이라지만
세상을 어떻게 살아가야 하나
담쟁이를 보며 오래 서성거렸다

강화 섬 어린 왕자

단풍자리
노을자리

어디가 단풍이며
어디가 노을인가

시월의 끝자락
붉어진 눈시울

떠나는 자리
저토록 붉다

노을바라기 어린왕자는
의자를 돌려 앉지도 못한 채

울음소리
풍경으로 남았다

■□ 해설

우리가 서로 불꽃으로 만나게 되는 그때

정재훈(문학평론가)

> 작가의 글쓰기는 밝은 탁자 위에서 이뤄지는 것처럼 보인다. 그러나 세상과의 단절, 고독이라는 깊은 어둠을 거쳐서만 비로소 그것은 나타난다. 독서도 마찬가지다. 어떤 문장들은 단숨에 우리의 시선을 낚아채지만 어떤 문장들은 서서히 그 속에 스며들 것을 요구한다. 그런 세계에 들어서기 위해 우리가 견뎌야 하는 것은 어둠이라는 시간이다.[1]

어쩌면 오래 기다렸을지도 모른다. 그 연약한 움직임과 독특한 향기를 맡기 위해서. 문영애 시집에서 흔히 볼 수 있는 수많은 꽃들은 대부분 우리가 서 있는 위치보다 훨씬 더 아래에 있거나, 높은 곳에 피어 있다. 그렇게 꽃잎의 하늘거림을 눈으로 담고, 특유의 향기를 음미하려면 우리는 어쩔 수 없이 그 앞에서 무릎을 꿇거나, 아니면 까치발로 서서 간신히 봐야만 할 것이다. 이전과는 다른 자세를

취함으로써 잘 쓰지 않던 근육을 써야 할 때도 있을 테고, 그 불편한 자세를 계속 유지하는 동안에는 점점 거칠어지는 숨소리와 함께 아주 잠깐은 정신이 아득했을 수도 있다. 어쩌면 이것이 '시 읽기'이지는 않을까? 우리를 어딘지 모르게 불편한 상태로 이끄는 것, 하지만 그것이 정말로 불편한 데에서만 그치는 게 아니라 그 뒤에 존재의 향기와 미세한 움직임을 가까스로 마주하는 값진 체험이 될 때 비로소 '시'가 진정 우리 곁에 왔다고 말할 수 있는 것이다.

시를 둘러싸고 벌어지는 일들을 비유하는 데에 있어 어찌 꽃을 찾아보는 일만 있을까. 시인과 독자가 저마다 시를 쓰고, 읽는 일이란 저 "짙은 침묵"(「안개」) 속으로 "자신을 찾아 나서는" 일일 수도 있을 테고, 또 존재의 "보이지 않음"과 그 "말이 없음"에 대해 조금씩 다가가는 것일 수도 있다. 시야가 제약된 안개처럼 우리는 이따금씩 어떠한 예측도 할 수 없는 일종의 비가시적 영역에 발을 딛을 때가 있지 않았나. 마치 인생에서의 희로애락도 동전의 앞뒷면처럼 돌고 돌듯이 어쩌면 '시' 또한 우리에게 '기쁨과 슬픔'(「사막의 막달라 마리아」)으로 반복해서(우리가 언제나 예측하지 못하는 그 순간으로써) 다가오는 것은 아닐까. 시를 창작하는 데에 오는 기쁨과 슬픔이 그렇게 반복된다면, 언젠가 독자들이 그 시를 읽을 때도 마찬가지이지는 않을까. 중남미를 대표하는 시인이면서, 1990년 노벨

문학상을 수상하기도 했던 옥타비오 파스는 자신의 저서 『활과 리라』를 통해 이런 말을 남겼다.

> 시는 독창적이며 유일한 것이지만 독서와 음송을 통한 소통이기도 하다. 시인은 시를 창조하고 민중들은 음송을 통하여 시를 재창조하는 것이다. 시인과 독자는 실재의 두 순간일 뿐이다. 순환적이라고 말해도 그다지 틀리지 않는 방법으로, 시인과 독자는 번갈아가면서 시라는 불꽃을 일으킨다. (중략) 왜냐하면 시란 소통을 통해서만 온전히 실현되는 것이며, 독자가 없는 작품은 단지 절반만 실현된 것이기 때문이다. 어느 누구도 죽어버린 언어로 시를 쓸 수는 없다.[2]

파스의 말을 요약하자면, 이른바 시는 그것을 창작한 시인이든, 아니면 이를 읽는 민중이든 간에 어느 누가 독점할 수 없다는 것이며, 시가 발산하는 그 특유의 '불꽃'은 시인과 독자에 의해 발생한다. 이는, 시인과 독자가 시로써 연결됨을 의미할 수 있으며, 곧 시를 통한 영적인 순간이라 봐야 할지도 모른다. 다시 말해, 파스가 제시한 '불꽃'이라는 시적 이미지는 단순히 빛을 냈다는 데에서 그치는 일회성이 아니라, 오히려 그 자체가 일어남과 동시에 사라짐으로써 시인과 독자를 연결시킨다는 점에서의

'순간'을 가리킨다는 것이다. 따라서 문영애 시인 또한 이러한 불꽃과도 같은 순간을 감지하고자 하는 '시인'의 자격으로 마침내 "우리는 비로소 / 소통되고 있었다"(「우수雨水」)라는, 일종의 확신을 갖게 되었는지도 모르겠다. 이로써 시인의 눈에 비치는 모든 것들은 아직 "다 읽지 않은 책"(「낯선 사람」)이 될 수밖에 없는 것이다.

그런데 이 '다 읽지 않은 책'이란 과연 무엇인가? 물론 이것은 시인이 바라보고자 하는 존재의 깊은 어둠, 그 보이지 않는 영역을 시적으로 비유하고자 쓴 표현이었겠으나, 이를 '시를 읽는 일'과 연관시켜 보더라도 곱씹어볼 여지는 충분하게 남아 있다. 이른바 '읽는 뇌' 분야의 세계적 연구자인 메리언 울프가 쓴 『다시, 책으로』에서는 프루스트가 한 말을 인용한 대목이 있는데, 이는 '읽기'라는 행위가 곧 "고독 속에서 일어나는 소통의 비옥한 기적"[3]이라는 것이다. 프루스트가 한 말을 '시 읽기'에 접목하여도 크게 무리는 없어 보인다. 분명, 우리가 누군가의 시를 읽는다는 행위도 역시 '고독'과 '소통'을 위해 땅을 비옥하게 일구는 것과 전혀 다를 바가 없다. 시인이 봤을 때, 독자인 우리들의 행위(읽기)는 "땅기운의 조절을 돕는 것"(「이월」)이며, 동시에 우리가 발 딛고 서 있는 이 땅의 "흙에 골고루 균형 감각을 일깨"우는 일이다.

꽃이 하는 말
한 마디

꼭 한 마디
꽃말

그리고는
말이 없다

딱 한 마디
꽃말

꽃을 바라보고 있으면
꽃도 색 짙어지며 나를 바라보고

꽃을 보며 추억에 잠길 때
꽃도 어느새 추억으로 가 있다

그대에게 꽃을 보낸다
말없이

말하지 않아도

말하지 않아도

―「꽃말」 전문

　여기, 우리가 아직 다 읽지 못한 꽃말이 발밑에 떨어져 있다. "꽃이 하는 말"이 나(화자)에게 다가오고, 나는 다시 그 한 마디의 "꽃말"을 '그대'에게 보낸다. 꽃을 매개로 이어지는 이들의 감정적 연결은, 곧 시인과 독자와의 관계를 연상케 한다. 꽃이라는 사물은 '나'와 '그대'의 손을 거치면서, 보편적인 것에서 벗어나 개별적인 지점으로 나아간다. 즉, 꽃의 "색"이라는 보편적 이미지가 각자의 개별적인 "추억"으로 확대되는 것이다. 시인에게 '꽃말'은 추억과 같이 내밀한 삶의 흔적들이 농축되어 있는 말이며, 이를 그대에게 건넨다는 것은 그 자체만으로 시적 행위인 것이다. 꽃을 둘러싼 특유의 향기, 그와 관련된 사연, 생생하게 되살아나는 당시의 감정들이 보이지 않게 뒤엉켜서 응축된 꽃말이 얼핏 보면 단순명료하게 보일지라도, 그 보이지 않은 여백을 (그대가) 상상하도록 함으로써 이것(꽃말)은 마침내 한 편의 시로 화(化)한다.
　그렇게 시인이 당신에게 시를 건넸다는 것은, 굳이 장황하게 "말하지 않아도" 서로를 이해하고 교감할 수 있는 가능성이 열리게 되었다는 의미이다. 어쩌면 시인은 그것이야말로 진정 '(인간다운) 소통'이라고 생각한 것은 아니었을까. 잠깐 빛나고 사라지고 마는 불꽃의 그 '순간'은, 꽃도, 시도 마찬가지인 것이다. 언젠가는 허무하게 질 꽃을/시를 그대에게 건넨다는 것은 '순간'을 함께 공유하고, 이로써 그 아름다움에 잠시 마음을 기울이려는 순수한 예술적 욕망이다. 그렇게 맨 처음 꽃을 손에 쥔 '나'는 자신의 "추억"과 마주하며 꽃에 의미를 부여했을 테고, 말 없이 당신('그대')에게 건넨 그 '꽃'은 당신 또한 '나'처럼 '또 다른 색'과 '또 다른 추억'을 발견하라는 의미로써 다시 피어나게 되는 것이다. 그러므로 '꽃'은, 다시 말해 '시'는 시인이 독자인 우리에게 (끊임없이, 반복적으로) 다가가기 위한 '소통'의 시도들이며, 이는 일상에서의 방식과 당연히 다를 수밖에 없다.

   쓰다보면
   어느덧
   한 권의 책이 되는
   비어있는 공책

   처음 만났던 기억은
   칸칸이 네모 방
   못자리 공책이었지

   연필에 힘을 실어

글씨를 다져나가면

침 묻은 연필심에
씨앗이 움터
나의 시는
그렇게 파종이 되었다

안으로 새카맣게 타들어간
속심지 몽당연필
퀭하게 닳도록
몽그라져 할근거려도

햇발에 잘 표백된 칼칼함으로
언제든 등을 내어주고
업어주던 공책

페이지를 넘기면
언제든
다시 시작할 수 있어

시를 쓰고 싶은 날
파피루스 풀내음 진한
나일 강변으로 떠나볼까

공책을 펼치면
연필은 여전히 가슴 설레인다

―「공책은 연필을 기다린다」 전문

  비어 있던 공책은 겉으로 봐서는 그야말로 아무데도 쓸모가 없어 보인다. 이것을 일상 한가운데에 놓고 보았을 때도 마찬가지다. 거기에는 아무것도 쓰여 있지 않기 때문에 어떠한 것도 읽을 수 없으며, 따라서 정보로서의 가치는 전무하기에 그 효용 가치는 그야말로 제로(0)에 가깝다. 하지만 쓸모가 없는 것처럼 보이기에 위 시의 공책은 의미가 있다. 아이러니하게도, 시인의 공책은 '아직' 쓰여 있지 않았기에 '이미' 쓰여 있는 것이다. 왜 그럴까? 위 시를 가만히 살펴보면, "씨앗" "파종"과 같이 농사를 연상케 하는 시어들과 그러한 분위기를 감지했을 것이다. 시인은 절기에 따라 반복되는 농사일처럼 시를 쓴다. 시인의 내밀한 텃밭, 즉 시인의 공책에는 이미 그 열매인 시어의 씨앗들이 심어져 있다. 한겨울에는 아무것도 자라지 않아서 황량하게 보였던 땅도 봄이 오면 그동안 품었던 생명의 싹을 틔우듯이, 그 순환과 반복이야말로 시에 내포된 '섭리'인 것이다.

  섭리는 눈에 보이지 않아도 분명 존재하는 일종의 거대한 힘이다. '아직'은 그 무엇도 심어져 있지는 않지만 언젠가 생명이 뿌리를 내리고, 잎을 무성하게 뻗으며 자랄 가능성을 '이미' 품고 있는 대지처럼 시인의 공책도 그렇게 지금의 시인과, 미래의 독자들 앞에 비옥하게 펼쳐지게 될 것이다. 보이지 않은 '섭리'에 따라 순환 반복하는 '비어 있는 공책'은 언젠가 우리 앞에 모습을 드러내게 될 '시'를 맞이하는 공간이 될 테고, 독자인 우리들이 언젠가 건네받을 한 편의 시에 밴 "풀내음"은 그만큼 더욱더 짙어질 수밖에 없는 것이다. 시인이 섬기고자 하고, 또 그 안에서 향유하고자 하는 '섭리'는 복잡하거나 특수한 것이 아니다. 그것은 '자연' 그 자체다. 풀과 나무, 꽃과 바람처럼 문영애 시인의 주요한 시적 무대가 줄곧 자연에 있다는 것은, 그곳이야말로 시인이 위로와 치유를 받는 장소임과 동시에 시적 영감을 건네받기 위한 성소라는 것을 의미한다.

> 멀리 바다가 바라보이던 나의 창가 병실
> 내 유년의 침대는 바다로 향해있었고
> 지금의 의자들도 모두 창을 바라보고 있다
>
> 아픔의 큰 터널을 지나온 딸꾹질 같은 그 울먹임
> 바다를 향한 창들로 눈이 부셨던
> 부산 암남동 그 언덕의 회복원

책 한 줄 읽고 바다 한번 바라보고
글 한 줄 쓰고 바다 한번 바라보면
크레센도와 데크레센도의
귀를 열리게 해준 파도 소리

파도의 토닥거림으로 아이들은 물보라처럼 웃으며
그대로의 바다를 바라볼 수 있도록 창은 늘 맑았으니
가슴에 옮겨진 그 바다로 세상을 살아가며
귀한 긍정의 고개를 끄덕였을 것이다

나는 그때 알았다
존재만으로도 위로가 된다는 것을

창가까지 달려와 곁에 있어주었던
내 생애 첫 바다
암남동 그 바다!

— 「암남동 그 바다」 전문

 시인이 시로써 독자들과 '소통'할 수 있는 원동력, 그 시적 상상력의 모태는 자연에서 비롯된다. 자연은 시인이 자신의 경험과 감정을 독자와 공유하는 실제적 장이면서, 동시에 이를 토대로 한 내밀한 시적 세계 구축을 가능하게 한다. 위 시에서 자연은 곧 '바다'이고, 여기서 등장하는 화자는 곧 시인이라 봐도 무방하지 않을 것이다. 현재의 시인에게도 과거 유년시절의 바다는 아픔과 기쁨이 공존하는 곳이었을 테다. 그렇게 '바다'는 "내 유년의 침대"와 "지금의 의자들"이 서로 연결되어 있는 곳이다. "내 생애 첫 바다"는 지금 내가 바라보고 있는 바다와 같으면서도 다르다. 누구든지 살다보면 신체적, 정신적인 아픔을 겪기 마련이다. 그러나 이러한 시인의 사적인 경험(유년시절을 보낸 "회복원")은 단지 개인적인 것으로만 머물지 않고, 보다 보편적인 지점으로까지 확대된다. 그런 점에서 시인 또한 독자인 우리와 마찬가지이고, 우리는 시인을 통해 그때 당시의 아픔을 떠올리며 또 다른 기쁨을 상상하게 되는 것이다.

그럼 시인과 독자의 관계만 있을까? 위 시의 장면들을 시적인 영감과 연관시켜 볼 수는 없을까? 위 시의 바다를 조금 더 집중해서 본다면 "파도"의 움직임까지도 포착하게 될 것이다. 프랑스의 대표적인 문학가로 활동 중인 파스칼 키냐르는 이렇게 말했다. "인간의 육체는 초라하고 기이하고 허약하고 고독한 필멸의 연안이다."[4]라고 말이다. 키냐르의 말을 위 시에 접목한다면 유년 시절의 고통은, 결국 육체를 가진 인간이라면 짊어질 수밖에 없는 잔인한 운명처럼도 보일 것이다. '연안(沿岸)'은 뭍과 물의

경계이면서 유동적이고 순환하는 지점을 가리키는 말이다. 그런데 문영애 시인의 시편들을 보면, 이러한 경계 지점을 쉽게 찾아볼 수가 있다. 앞서 인용한 시의 "나일 강변"도 마찬가지다. 그곳은 '일상의 말'과 '영감에서 비롯된 시적 상상력'이 서로 끊임없이 부딪히고 그때마다 포말처럼 일어났다 순식간에 사라지는 시적인 말들이 있다.

  '연안의 상상력'이 인간의 육체에만 관련이 있는 것은 아니다. 이는 시적인 언어의 탄생과 죽음과도 관련이 있다. 마치 인간의 육신이 죽음이라는 한계를 맞이하듯이, 시 또한 시간이 지나다보면 언젠가는 소위 '경전'이 되거나, 혹은 진부함이나 상투적이라는 죽음을 맞이할 수밖에 없는 것이다. 문영애 시집 『바다의 테라피스트』는 자연에서, 혹은 일상에서 흔히 볼 수 있는 것들을 다룬 시들이 많지만 가만히 음미하다보면 그 안에 쉽게 지나칠 수 없는 장면들, 거대한 섭리와 같은 순간을 마주하게 된다. 이는 시인만의 것이 아닌, 우리 모두의 순간(들)이다. "우리네 사연들이"(「모닥불」) 그렇게 서로 한데 뒤섞여서 "타오르는 불꽃이" 되는 것. 그럼에도 아직 그녀가 다 쓰지 못한 여백들은 많고, 아직 시어가 되지 못한 태초의 말들이 그 연안에 모여 있을 것이며, 우리가 아직 다 보지 못한 시가 지금도 시집 어딘가에서 가만히 때를 기다리고 있을지도 모른다.

주)
---

1) 장혜령, 『사랑의 잔상들』, 문학동네, 2018, 145쪽.
2) 옥타비오 파스, 김홍근 외 역, 『활과 리라』, 솔, 2007, 47~48쪽.
3) 메리언 울프, 전병근 역, 『다시, 책으로』, 어크로스, 2019, 79쪽.
4) 파스칼 키냐르, 송의경 역, 『부테스』, 문학과지성사, 2017, 36쪽.